Impressum
Verlag: BABADADA GmbH, Nedderfeld 112 , 22529 Hamburg
Geschäftsführer / Verlagsleitung: Harald Hof
Druck: Books on Demand GmbH, In de Tarpen 42, 22848 Norderstedt

Imprint
Publisher: BABADADA GmbH, Nedderfeld 112 , 22529 Hamburg, Germany
Managing Director / Publishing direction: Harald Hof
Print: Books on Demand GmbH, In de Tarpen 42, 22848 Norderstedt

classroom
ishure

divide
kugabura

186/2

board
urubaho

school yard
ikibuga c' ishure

teacher
umwigisha

paper
urukaratasi

write
kwandika

pen
ikaramu

desk
ameza yo kwandikirako

ruler
agacamurongo

book
igitabo

pupil
umunyeshure

satchel

isakoshi y'' ishure

pencil case

agasaho k' amakaramu

pencil

ikaramu y igiti

pencil sharpener

agasongozo k ikaramu y
igiti

rubber

igome

drawing pad

ikaye yo gucapamwo

drawing

igicapo

paintbrush

ikaramu bacapisha irangi

paint box

agasandugu kamabara

scissors

imikasi

glue

kore

exercise book

ikaye y' imyimenyerezo

homework

imyimenyerezo yo muhira

number

igiharuro

add

guteranya

subtract

gukuramwo

multiply

kugwiza

calculate

guharura

letter

urudome

alphabet

indome

word

ijambo

text

igisomwa

read

gusoma

chalk

ingwa

lesson

icigwa

register

igitabo c' ishure

examination

ikibazo

certificate

impamyabushobozi

school uniform

impuzu y' ishure

education

kwiga

encyclopedia

kazinduzi

university

kaminuza

microscope

mikorosikopi

map

ikarata

waste-paper basket

agaseke bajugunyamo
amakaratasi

school - ikigo c' amashure

hotel
ihoteli

hostel
ihoteli ntoya

currency exchange office
ku bavunjayi

car
umuduga

language
ururimi

yes / no
ego / oya

Okay
ego

hello
amahoro!

translator
umuntu asigura

Thank you
ndashimye

how much is...?

ni angahe?

I don't get it

sindabitahura

problem

ingorane

Good evening!

mwiriwe!

Good morning!

mwaramutse

Good night!

ijoro ryiza!

goodbye

nakagaruka

direction

inzira

luggage

imizigo

bag

igapo

backpack

isaho baheka mu mugongo

guest

umushitsi

room

icumba

sleeping bag

umufuko wo kuraramo mu rugendo

tent

ihema

tourist information

kumenyesha ingenzi

beach

ku musenyi

credit card

ikarata y' amahera

breakfast

ifunguro rya mugatondo

lunch

ifunguro ryo ku murango

dinner

itunguro ry 'ljoro

Ticket

itike

elevator

ingazi y' umuyagankuba

stamp

umukono

border

umupaka

customs

duwane

embassy

ubuserukizi bw' igihugu

visa

viza

passport

pasiporo

airplane
indege

ship
ubwato bunini

fire truck
kizimyamwoto

bus
ibisi

truck
ikamyo

motorboat
ubwato bw' imoteri

bike
igare

car
umuduga

ferry

ubwato bunini

boat

ubwato

motorbike

ipikipiki

police car

umuduga w' igipolisi

racing car

umuduga wa kuruse

rental car

umuduga bakodesha

car sharing
gukoresha imodoka imwe
muri benshi

tow truck
uruduga ruheka izindi

garbage truck
umuduga utwara umucafu

engine
imoteri

fuel
igitoro

fuel station
ubunywero bw'lbitoro

traffic sign
birango vyo ku mabarabara

traffic
uruja n' uruza

traffic jam
akajagari k' imiduga mw'
ibarabara

parking lot
igituro c' imiduga

train station
igituro ca gari ya moshi

tracks
ibarabara rya gari ya moshi

train
gari ya moshi

tram
gari ya moshi bita tram

wagon
igipande ca gari ya moshi

helicopter

kajugujugu

airport

ikibuga c' indege

tower

umunara

passenger

ingenzi

container

konteneri

carton

ikarato

cart

isharete

basket

icibo

take off / land

kuguruka / kugwa

city

igisagara

village

umutumba

city center

hagati mu gisagara

house

inzu

movie theater
ireresi

advert
kumenyekanisha

street light
itara ryo kw' ibarabara

CINEMA

street
ibarabara

taxi
itagisi

snack shop
kioske

pedestrian
umunyamaguru

sidewalk
ikibanza c' abanyamaguru

zebra crossing
imirongo yo mw'ibarabara y'abanyamaguru

umpster
ibere yo kw'ibarabara

traffic l crossing
amatai kujabuka

ara ayobora imiduga n' ingenzi

hut

akazu k' ikirundi

apartment

aparitema

train station

igituro ca gari ya moshi

city hall

meri

museum

iratiro ry' ivyakera

school

ikigo c' amashure

university

kaminuza

bank

ibanki

hospital

ibitaro

hotel

ihoteli

pharmacy

farumasi

office

ibiro

book shop

aho badandaza ibitabo

shop

akaduka

flower shop

umudandaza w'amashugwe

supermarket

supermarshe

market

isoko

department store

iduka

fishmonger's shop

umudandaza w' amafi

mall

ihuriro ry'amaduka

harbor

ikivuko

park

ikibanza batemberamwo

bench

intebe ndende

bridge

ikiraro

stairs

ingazi

subway

gari ya moshi bita métro

tunnel

ibarara ry' indani y' isi

bus stop

igituro c' amabisi

bar

ubunywero

restaurant

resitora

postbox

ahaja amakete

street sign

ikirango co kw' ibarabara

parking meter

isaha yo ku gituro c' imiduga

zoo

iratiro ry' ibikoko

swimming pool

pisine

mosque

umusigiti

farm

ubwororero

pollution

konona ibidukikije

cemetery

akaburi

church

kw'isengero

playground

ikibuga

temple

inyubako za kera bita temple

landscape

imisozi

signpost
ivyapa

path
inzira

meadow
ubwatsi bita gazon

stone
ibuye

hiker
umuntu atembera kure n' amaguru

tree
igiti

river
uruzi

grass
ubwatsi

flower
ishugwe

valley

ikiyaya

hill

umuṣozi

lake

ikiyaga

forest

ishamba

desert

ubugaragwa

volcano

ıkırunga

castle

ishato

rainbow

umunywamazi

mushroom

ikizinu

palm tree

ikigazi

mosquito

umubu

fly

isazi

ant

urutozi

bee

uruyuki

spider

igitangurigwa

beetle

agakoko gato bita
coléoptère

frog

igikere

squirrel

agakoko bita écureuil

hedgehog

ikinyogote

hare

urukwavu

owl

igihuna

bird

inyoni

swan

imbata

boar

ingurube y' ishamba

deer

idubu

moose

igikoko bita élan

dam

urugomero

wind turbine

icuma gitanga
umuyagankuba

solar panel

ikimuri c' imishwarara

climate

igihe

waiter
umukozi wo muburiro n'ubunywero

menu
ikarata y' indya

chair
intebe

soup
isupu

pizza
piza

cutlery
ibikoresho vyo kumeza

tablecloth
igitambara c' ameza

starter
indya y' ibanze

main course
indya nkuru

dessert
deseri

drinks
inyobwa

food
infungugwa

bottle
icupa

fast food

infungugwa batekanye ingoga

street food

Infungugwa barya bagenda

teapot

ibirika y' icayi

sugar bowl

agakopo k' isukari

portion

igipande c' indya

espresso machine

imachini ikora espresso

high chair

intebe ndende

bill

inyemazabuguzi

tray

ako batwarako infungugwa

knife

imbugita yo kumeza

fork

ikanya

spoon

ikiyiko

teaspoon

akayiko k' icayi

serviette

seriviyeti

glass

ikirahuri

plate

isahani

soup plate

isahani y' isupu

saucer

isutasi

sauce

isosi

salt shaker

akanyanyagiza umunyu ku ndya

pepper mill

agasya lplripiri

vinegar

vinaigre

oil

amavuta

spices

indyoshandya

ketchup

kecapu

mustard

mutaride

mayonnaise

mayoneze

supermarket
supermarshe

special offer
ivyagabanyijwe igiciro

customer
umuguzi

dairy products
ibiva ku mata

FOR

fruit
icamwa

shopping cart
agakinga ko mw' iduka

butcher's shop
amacuniro

bakery
iburangeri

weigh
gupima

vegetables
imboga

meat
inyama

frozen food
Imfungurwa zikanye cane

cold cuts

nfungugwa bita charcuterie en tranches

canned food

amafunguro yo mu mabwate

detergent

isabune yo kumesura

candy

ibisosa

household products

ibikoresho vyo muhira

cleaning products

ibikoresho vy'Isuku

sales representative

umudandaza

cash register

kese

cashier

umuntu yakira amahera

shopping list

urutonde rw' ibidandazwa

opening hours

amasaha yo kugurura

wallet

ingodomoni

credit card

ikarata y' amahera

bag

isakoshe

plastic bag

ishakoshe ya parastike

water

amazi

juice

umutobe

milk

amata

coke

koka

wine

umuvinyo

beer

ikiyeri

alcohol

inzoga

cocoa

kakao

tea

icayi

coffee

ikawa

espresso

ikawa yitwa espresso

cappuccino

ikawa yitwa kapucino

banana

umuhwi

apple

ipome

orange

umucungwe

melon

icamwa bita melon

lemon

indimu

carrot

ikaroti

garlic

igitungurusumu

bamboo

umugano

onion

igitunguru

mushroom

ikizinu

nuts

ibiyoba

noodles

amakaroni

spaghetti

spagetti

rice

umuceri

salad

isarade

fries

ifiriti

fried potatoes

ifiriti

pizza

piza

hamburger

hamburugere

sandwich

sandwich

escalope

infungugwa bita escalope

ham

jambo

salami

salami

sausage

isosiso

chicken

inyama y' inkoko

roast

umusoso

fish

ifi

porridge oats

nfungugwa bita flocone d' avoine

muesli

imfungugwa bita müsli

cornflakes

infungugwa bita corn - flakes

flour

ifarini

croissant

umukate bita croissant

bread roll

umukate muto

bread

umukate

toast

umukate bashusha

cookies

ibisuguti

butter

amavuta

curd

iforomaji yera

cake

igato

egg

irigi

fried egg

amafunguro bita oeuf au plat

cheese

iformaji

ice cream

infungugwa bita crème glacée

sugar

isukari

honey

ubuki

jelly

ikonfitire

nougat cream

imfungugwa bita praliné

curry

infungugwa bita curry

goat
impene

cow
inka

calf
inyana

pig
ingurube

piglet
ikibuguru

bull
impfizi

goose

inyoni yitwa oie

duck

imbata

chick

umuswi

hen

inkokokazi

cockerel

isake

rat

imbeba nini

cat

akayabu

mouse

imbeba

ox

ishuri

dog

imbwa

dog house

umusaka w'imbwa

garden hose

umuringoti wo kuvomerera umurima

watering can

ico bakoresha basukira amashurwe

scythe

urukero

plow

majagu

sickle

umuhoro

hoe

isuka

pitchfork

ikinyanyagiza ibitabizo irya n'ino

axe

ishoka

pushcart

inkorofani

trough

ubwato

milk can

icansi

sack

umufuko

fence

urugo

stable

indaro y' ibitungwa

greenhouse

utuzu bashusha kugirango ibimera birimwo bikure

soil

isi

seed

imbuto

fertilizer

ifumbire

combine harvester

imashini yimbura

farm - ubwororero

harvest

kwimbura

harvest

umwimbu

yams

infungugwa bita igname

wheat

ingano

soya

isoya

potato

ikiraya

corn

ikigori

rapeseed

ubwoko bw' ingano bita
colza

fruit tree

igiti c' ivyamwa

manioc

imyumbati

grain

ibinyantete

living room

isaro

bathroom

ubwogero

kitchen

igikoni

bedroom

icumba co kuraramo

kids room

icumba c' umwana

dining room

uburiro

floor

hasi

wall

uruhome

ceiling

igisenge c' inzu

cellar

kave

sauna

sauna

balcony

ibaraza

terrace

ibaraza

pool

aho bogera

lawn mower

itondezi

sheet

igikaratasi

bedspread

uburengeti

bed

uburiri

broom

umweyerezo

bucket

indobo

switch

akabuto

carpet

itapi

drape

irido

table

ameza

chair

intebe

rocking chair

intebe icundera

armchair

ifoteyi

book
igitabo

blanket
ikirengeti

decoration
ibitako

firewood
inkwi

film
ireresi

stereo system
ivyuma vy' umuziki

key
urufunguruzo

newspaper
ikinyamakuru

painting
gusiga amarangi

poster
isanamu nini

radio
insamirizi

notebook
ikaye ndangaminsi

vacuum cleaner
asipirateri

cactus
icimera bita cactus

candle
ibuji

fridge
ifirigo

microwave oven
icuma gishusha infungugwa

kitchen scales
umunzane w'imfungugwa

toaster
icuma gishusha umukate

laundry detergent
isabune y'amazi

stove
imashini iteka

freezer
ahakanyisha cane

dishwasher
isabune yo koza ibirisho

cooker

ishiga

pot

isafuriya

cast-iron pot

isafuriya y' icuma

wok / kadai

ipanu bita wok

pan

ipanu

kettle

akuma gashusha amazi

steamer

isafuriya itekesha umuhisha

baking tray

ico bakorerako imikate

crockery

ibirisho

mug

igikombe

bowl

ibakure

chopsticks

uduti two kurisha

ladle

icaruzo c' isupu

spatula

ikimamiro

whisk

agakubitisho

strainer

imashini isya ibifungurwa

sieve

akayunguruzo

grater

agakatakata imfungugwa

mortar

agasekuro

barbecue

icokerezo

fireplace

urucaniro

chopping board

urubaho rwo gukatirako

rolling pin

akabaho bakoresha spageti

corkscrew

urupfunguzo rw'umuvinyu

can

agasandugu

can opener

urupfunguzo
rw'agasandugu

oven cloth

Ivyo gufatisha isafuriya
ishushe

sink

icogerezo

brush

uburoso

sponge

ivyogesho

blender

imigiseri

deep freezer

frigo nini ikanyisha cane

baby bottle

bibero

tap

ivomo

shower
kwoga

heating
imashini ishusha mu nzu

towel
isume

shower curtain
rido yo muri dushe

bubble bath
koga mu mazi arimwo ifuro ryinshi

bathtub
benywari

glass
ikirahuri

washing machine
imashini imesura

tiles
amategura

tap
ivomo

potty
agasafuriya

sink
icogerezo

toilet

Akazu ka surwumwe

squat toilet

akazu ka surwumwe
k'ikirundi

bidet

akantu gatoya bogeraho

urinal

aho basoba

toilet paper

ibikaratase vyo kwi sukuza
mu nzu ya surwumwe

toilet brush

uburoso bwoza akazu ka
surwumwe

toothbrush

umujigiti

toothpaste

umuti wo koza amenyo

dental floss

utugozi two gusukura amenyo

wash

koza

hand shower

ikinyuko

douche

ubwoko bwa dushe

basin

ico bakarabiramo intoki

back brush

uburoso busukura mu mugongo

soap

isabune

shower gel

isabuni yo kwoga

shampoo

shampo

flannel

agatambara ko kwisukura

drain

umuringoti

creme

amavuta yo kwisiga

deodorant

iparufe yo mu kwaha

mirror

icirore

hand mirror

icirore

razor

imashini imwa ubwanwa

shaving foam

ifuro ryo kumwa ubwanwa

aftershave

umuti basiga aho bamoye

comb

igisokozo

brush

uburoso

hair-dryer

akuma kumutsa umushatsi

hairspray

amavuta bapuriza mu
mushatsi

makeup

ibikoresho vyo kwipodora

lipstick

amavuta afise ibara yo
k'umunywa

nail varnish

verni y'inzara

cotton wool

ipampa

nail scissors

umukasi uca inzara

perfume

iparufe

washbag

agasaho k' ivyo kwisukura
ku rugendo

stool

agatebe

weighing scales

umunzane

bathrobe

penywari

rubber gloves

udufuko tw' intoke iyo
bakora isuku

tampon

kotegisi

sanitary towel

kotegisi

chemical toilet

ubwoko bw'akazu ka
surwumwe

alarm clock
isaha ivyura

cuddly toy
agakoko k' agapupe

toy car
ikijuwe c' umuduga

rattle
ikijuwe c' ibibondo bita hochet

doll's house
inzu badandaza amapupe

present
akaganuke

balloon

igipurizo

bed

uburiri

stroller

deck of cards

urukino rw' ikarata

jigsaw

urukino bita puzile

comic

ibitabo vy' amashusho

lego bricks

urukino bita logo

toy blocks

ibijuwe vyo kubaka

action figure

ipupe

romper suit

impuzu yo kurarana y
abana

frisbee

urukino bita frisbi

mobile

udukinisho two ku buriri bw'
ibibondo

board game

urukino rwo kumeza

dice

agakinisho bita de

model train set

gari ya moshi z' ibikinisho

pacifier

madanganya

party

umunsi mukuru

picture book

igitabo c' ibicapo

ball

umupira

doll

igipupe

play

gukina

sandpit

umusenyi abana
bakiniramwo

swing

uruvuma

toys

ikijuwe

video game console

urukino nyabwonko

tricycle

ikinga ry'amapine atatu

teddy bear

igikoko bita ours c 'ikijuwe

wardrobe

akabati k' impuzu

clothing

impuzu

socks

amashesheti

stockings

amashesheti maremare

tights

ubwoko bw'impuzu zifata
kandi zigaruka cane

scarf
furari

umbrella
umwumvuri

belt
umusipi

t-shirt
agapira kadafise amabok

boots
ibirato biduga kumurundi

slippers
ibirato vyo mu nzu

sneakers
ibirato vya tenis

sandals

isandari

shoes

ibirato

rubber boots

ingamiya

underwear

imwesho

bra

isutiye

undershirt

isengeri

body

impuzu z' imbere

pants

ipantaro

jeans

ijinisi

skirt

ijipo

blouse

agashati koroshe kabagore

shirt

ishati

pullover

umupira w' imbeho

sweater

umupira w'imbeho ufise
inkofero

blazer

blazeri

jacket

ikoti

coat

ikoti rirerire

raincoat

ikoti y'imvura

costume

kositime

dress

ikanzu

wedding dress

ikazu y'umugeni

suit

kositime

nightgown

ikanzu yo kurarana

pajamas

impuzu z' ijoro

sari

imvutano z'abahindi

headscarf

igitambara co mu mutwe

turban

igitambara co mu mutwe
bita turban

burka

impuzu z' abasiramukazi

kaftan

ikanzu bita kaftan

abaya

impuzu y' abasiramu

swimsuit

impuzu yo kogana

trunks

impuzu yo kwogana
y'abagabo

shorts

imwesho

tracksuit

itereningi

apron

itaburiya

gloves

udufuko tw' intoke

button

igifungo

glasses

amarori

bracelet

igikomo

necklace

akadede

ring

impeta

earring

ihereni

cap

inkofero

coat hanger

porutemanto

hat

inkofero

tie

karavate

zip

imashini

helmet

inkofero yo kwikingira

braces

imisipi

school uniform

impuzu y' ishure

uniform

umwambaro rusangi
w'ahantu

bib

utwo bambika ibibondo iyo birya

pacifier

madanganya

diaper

iranje

server
seriveri

filing cabinet
akabati k' ivyangombwa

printer
empirimante

monitor
ekra

aper
rukaratasi

desk
ameza yo kwandikirako

mouse
suri

folder
ico bashiramwo ivyangombwa

keyboard
karaviye

te-paper basket
seke bajugunyamo amakaratasi

computer
nyabwonko

chair
intebe

coffee mug

igikombe c' ikawa

calculator

imashini iharura

internet

ubuhinga
ngurukanabumenyi

laptop

inyabwonko ngendanwa

letter

ikete

message

ubutumwa

cell phone

telefoni ngendanwa

network

rezo

photocopier

fotokopiyeze

software

rojisiyeri

telephone

telefoni

plug socket

purize

fax machine

fagisi

form

urukaratasi rwo kuzuza

document

icangombwa

buy

kugura

pay

kuriha

trade

kudandaza

money

amahera

dollar

idorari

euro

iyero

yen

iyene

rouble

amahera y' abarusiya

Swiss franc

amahera y' abasuwisi

renminbi yuan

amahera bita renmimbi yuan

rupee

amahera bita rupi

cash point

icuma gitanga amahera

currency exchange office

ku bavunjayi

gold

inzahabu

silver

umujumbu

oil

ipeteroli

energy

inguvu

price

ikiguzi

contract

amasezerano

tax

amakori

stock

igice

work

gukora

employee

umukozi

employer

umukoresha

factory

ihinguriro

shop

akaduka

police officer
umupolisi

fireman
umukozi ajejwe kuzimya umuriro

cook
umuboyi

doctor
umuganga

pilot
umudereva w' indege

gardener
umukozi akora murikarima

carpenter
umubaji

seamstress
umushonyi

judge
umucamanza

chemist
umuhinga mu vya chimie

actor
umukinyi w'amareresi

bus driver

umudereva w' ibisi

taxi driver

umudereva w' itagisi

fisherman

umurovyi

cleaning lady

umuzezwanzukazi

roofer

sharupantiye

waiter

umukozi wo muburiro n'ubunywero

hunter

umuhigi

painter

umufundi w' amarangi

baker

umuntu akora imikate

electrician

umufundi w' amatara

builder

umwubatsi

engineer

enjeniyeri

butcher

umuyangayanga

plumber

umufundi w' amazi

postman

umuparanto

occupations - imirimo

soldier

umusoda

architect

umuntu acapa inyubako

cashier

umuntu yakira amahera

florist

mukozi ajejwe amashugwe

hairdresser

kimyozi

conductor

kontororeri

mechanic

umufundi w' imiduga

captain

umudereva w' ubwato

dentist

umuganga w' amenyo

scientist

umuhinga mu vya siyansi

rabbi

umuhinga mu bayahudi bita rabi

imam

imame

monk

umuvugiramana

pastor

umuvugiramana

hammer
inyundo

pliers
ipensi

screwdriver
turunevisi

wrench
urufunguruzo

torch
isitimu

excavator
tingatinga

toolbox
isaho y' ibikoresho

ladder
ingazi

saw
umusumeno

nails
imisumari

drill
icuma bita foreuse

repair

gukora

shovel

igipawa

Damn!

asyi!

dustpan

agaterura umucafu

paint can

indobo y' irangi

screws

ivis

musical instruments
ivyuma vyo gucuraranga

loud speaker
icuma bita Haut parleur

drum set
icuma ca musika bita batterie

guitar
Igltari

double bass
icuma ca musika bita contrebasse

trumpet
icuma ca musika bita trompette

piano

icuma ca musika bita piano

violin

icuma ca musika bita violon

bass

gitare icuranga Bass

timpani

icuma ca musika bita timbale

drums

ingoma

keyboard

icuma ca musika bita piano electrique

saxophone

icuma ca musika bita saxophone

flute

umwirongi

microphone

mikoro

tiger
igisamagwe

entrance
urwinjiriro

cage
aho bafungira igikoko

zebra
imparage

animal feed
indya z' ibikoko

panda
igikoko bita panda

animals
ibikoko

elephant
inzovu

kangaroo
Kanguru

rhino
igikoko bita Rhynoceros

gorilla
inguge

bear
igikoko bita ours

camel

ingamiya

ostrich

inyoni bita autriche

lion

intare

monkey

inkende

flamingo

inyoni bita flamant rose

parrot

gasuku

polar bear

igikoko bita ours blanc

penguin

inyoni bita pinguin

shark

ifi bita requin

peacock

inyoni bita paon

snake

inzoka

crocodile

ingona

zookeeper

umurinzi w' iratiro ry' ibikoko

seal

igikoko bita phoque

jaguar

igikoko bita jaguar

pony
....
owoko bw' ifarasi bita pony

leopard
....
ingwe

hippo
....
imvubu

giraffe
....
umusumbarembo

eagle
....
agaca

boar
....
ingurube y' ishamba

fish
....
ifi

turtle
....
akanyamasyo

walrus
....
igikoko bita morse

fox
....
imbwebwe

gazelle
....
ingeregere

American football
urukino rwa football yo muri amerika

cycling
ugusiganwa ku makinga

tennis
urukino rwa tennis

basketball
urukino rwa basketball

swimming
koga

boxing
urukino rw' ingumu

ice hockey
urukino rwa ice-hockey

soccer
umupira w'amaguru

badminton
urukino rwa badminton

athletics
ubunonotsi

handball
urukino rwa handball

skiing
urukino rwa ski

polo
urukino rwa Polo

jump
gusimba

hug
kugumbirana

laugh
gutwenga

walk
kugenda

sing
kuririmba

pray
gusenga

kiss
gusoma

dream
kurota

write

kwandika

draw

gucapa

show

kwereka

push

gusuguma

give

gutanga

take

gutora

have
kugira

do
kugira

be
kuba

stand
guhagarara

run
kwiruka

pull
gukwega

throw
guta

fall
gutemba

lie
kurambarara hasi

wait
kurindira

carry
gutwara

sit
kwicara

get dressed
kwambara

sleep
kuryama

wake up
kuvyuka

activities - imirimo

look at

kuraba

cry

kurira

stroke

kwagaza

comb

gusokoza

talk

kuvuga

understand

gutahura

ask

kubaza

listen

kumviriza

drink

kunywa

eat

gufungura

tidy up

gutondeka

love

gukunda

cook

guteka

drive

gutwara

fly

kuguruka

activities - imirimo

sail

kugira siporo bita voile

calculate

guharura

read

gusoma

learn

kwiga

work

gukora

marry

kurongora

sew

gushona

brush teeth

kwijigitura

kill

kwica

smoke

kunywa itabi

send

kurungika

grandmother
nyokuru

grandfather
sokuru

father
data

mother
mama

baby
ikobondo

daughter
umukobwa

son
umuhungu

guest

umushitsi

aunt

masenge

uncle

marume

brother

musaza w' umuntu

sister

mushiki w' umuntu

forehead
agahanga

eye
ijisho

shoulder
urutugu

finger
urutoki

face
isura

chin
agasakanwa

hand
ikiganza

breast
agatuntu

leg
ukuguru

arm
ukuboko

baby

ikobondo

man

umugabo

woman

umugore

girl

umwigeme

boy

umuhungu

head

umutwe

back
umugongo

belly
inda

navel
umukondo

toe
ino

heel
agatsintsiri

bone
ıgufa

hip
ku mafyigo

knee
ivi

elbow
inkokora

nose
izuru

buttocks
igisusu

skin
urukoba

cheek
itama

ear
ugutwi

lip
umunwa

mouth

umunwa

tooth

iryinyo

tongue

ururimi

brain

ubwonko

heart

umutima

muscle

umutsi

lung

ihaha

liver

igitigu

stomach

umushishito

kidneys

amafyigo

sex

kurangura amabanga
y'abubatse

condom

agapfuko

ovum

imbuto y' umugore

semen

imbuto y'umugabo

pregnancy

imbanyi

body - umubiri

menstruation

kuja mu kwezi

vagina

igituba

penis

imboro

eyebrow

ingohe

hair

umushatsi

neck

izosi

hospital
ibitaro

ambulance
rusehabaniha

wheelchair
agakinga kabagwayi

fracture
Kuvunika

doctor

umuganga

emergency room

mundembe

nurse

umuforomokazi

emergency

irijanse

unconscious

guta ubwenge

pain

ububabare

injury

igikomere

bleeding

kuva amaraso

heart attack

uguhagarara k' umutima

stroke

kuvira indani

allergy

guhurirwa

cough

ınkorora

fever

ubushuhe bw'umubiri

flu

giripe

diarrhea

gucibwamwo

headache

kumeneka umutwe

cancer

Kanseri

diabetes

Diyabeti

surgeon

muganga ajejwe kubaga

scalpel

akuma ka muganga ubaga

operation

kubagwa

CT

sikaneri

x-ray

radiyografi

ultrasound

ekografi

face mask

masike

disease

indwara

waiting room

aho kurindirira

crutch

icishimikizo

plaster

gufuka igikomere

bandage

gufuka igikomere

injection

gutera urushinge

stethoscope

icuma cumviriza amahaha
n'umutima

stretcher

ingovyi

clinical thermometer

igipima umuriro w' umubiri

birth

kuvuka

overweight

umuvyibuho urengeje

hearing aid

Igifasha umuntu kumva neza

disinfectant

imiti y' ibikomere

infection

kwandura

virus

umugera

HIV / AIDS

umugera wa sida

medicine

ubuvuzi

vaccination

guhabwa urucanco

tablets

ibinini

pill

ikinini mbonezamvyaro

emergency call

telefone itabaza

blood pressure monitor

igipima umuvuduko w' amaraso

ill / healthy

arwaye / akomeye

Help!

muntabare!

alarm

ikengere

assault

igitero

attack

igitero

danger

ibihe bikomeye

emergency exit

icanzo

Fire!

umuriro!

fire extinguisher

ikizimyamwoto

accident

isanganya

first-aid kit

isanduku y' ubutabazi

SOS

ubutabazi

police

igipolisi

Europe

Buraya

North America

Uburaruko bw' amerika

South America

Ubumanuko bw' amerika

Africa

Afurika

Asia

Aziya

Australia

Ositarariya

Atlantic

ibahari y' Antalantika

Pacific

ibahari ya Pasifika

Indian Ocean

ibahari y' Ubuhinde

Antarctic Ocean

ibahari y' Antaragitika

Arctic Ocean

ibahari y' Aragitika

North pole

Uburaruko bw' umubumbe
w' isi

South pole

Ubumanuko bw' umubumbe w' isi

Antarctica

antaragitika

earth

isi

land

isi

sea

ibahari

island

izinga

nation

igihugu

state

reta

clock face

aho barabira isaha

hour hand

urushinge rw' amasaha

minute hand

urushinge rw' iminota

second hand

urushinge rw' amasegonda

What time is it?

ni gihe ki?

day

umunsi

time

igihe

now

ubu nyene

digital watch

isaha ya electronique

minute

umunota

hour

isaha

Monday
kuwa mbere

Wednesday
kuwa gatatu

Friday
kuwa gatanu

Tuesday
kuwa kabiri

Saturday
kuwa gatandatu

Thursday
kuwa kane

Sunday
kuwa mungu

yesterday

ejo haheze

today

ubunyene

tomorrow

ejo hazoza

morning

mu gatondo

noon

sasita

evening

ku mugoroba

workdays

iminsi y' ibikorwa

weekend

weekende

rain
imvura

snow
urubura

wind
umuyaga

spring
igihe c' umwaka bita printemps

fall
igihe c' umwaka bita Automne

summer
ici

winter
igihe c' umwaka bita hiver

4.APRIL	11°	☀
5.APRIL	4°	☁
6.APRIL	13°	☁
7.APRIL	8°	☀
8.APRIL	10°	☀

weather forecast

ikirangabihe

thermometer

igipima ubushuhe bw' umubiri

sunshine

ubuseruko bw' izuba

cloud

igicu

fog

igipfungu

humidity

ifira

lightning

umuravyo

thunder

inkuba

storm

igihuhusi

hail

urubura

monsoon

igihuhusi bita mousson

flood

umwuzure

ice

ibarafu

January

nzero

February

ruhuhuma

March

ntwarante

April

ndamukiza

May

rusama

June

ruhenshi

July

mukakaro

August

myandagaro

September
....
nyakanga

October
....
gitugutu

November
....
munyonyo

December
....
migarama

shapes
forume geometrike

circle
....
umuzingi

square
....
ikwadarato

rectangle
....
urikiramende

triangle
....
inyabutatu

sphere
....
umubumbe

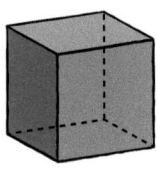

cube
....
agasandugu

colors

amabara

white
....
ibara ryera

yellow
....
ibara ry' umuhondo

orange
....
ibara risa n' umucungwe

pink
....
ibara rya rose

red
....
ibara ritukura

purple
....
ibara rya mauve

blue
....
ibara ry' ubururu

green
....
ibara ry'icatsi kibisi

brown
....
ibara ry' igihogo

gray
....
ibara rya gris

black
....
ibara ryirabura

a lot / a little

vyinshi / bikeyi

angry / calm

washavuye / utekereje

beautiful / ugly

mwiza / mubi

beginning / end

intanguriro / iherezo

big / small

kinini / gitoyi

bright / dark

gikeye / cijimye

brother / sister

husaza w' umuntu / mushiki w' umuntu

clean / dirty

gisukuye / gicafuye

complete / incomplete

gikwiye / gicagatiye

day / night

umunsi / ijoro

dead / alive

wapfuye / ariho

wide / narrow

cagutse / caga

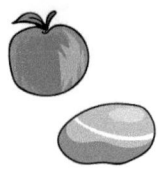

edible / inedible

kiryoshe / kibishe

evil / kind

umutima mubi / umutima mwiza

excited / bored

anezerewe / arambiwe

fat / thin

kivyibushe / conze

first / last

cambere / canyuma

friend / enemy

umugenzi / umwansi

full / empty

cuzuye / kiri gusa

hard / soft

kigumye / coroshe

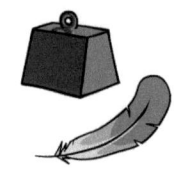

heavy / light

kiremereye / gihwahutse

hunger / thirst

inzara / inyota

ill / healthy

arwaye / akomeye

illegal / legal

cemewe n'amategeko / kitemewe n'amategeko

intelligent / stupid

incabwenge / ikijuju

left / right

ibubamfu / iburyo

near / far

hafi / kure

opposites - ikinyurane

new / used

gishasha / gishaje

nothing / something

ntaco / kiriho

old / young

umutama / urwaruka

on / off

kwatsa / kuzimya

open / closed

kugurura / kugara

quiet / loud

gitekereje / gifise urwamo

rich / poor

umutunzi / umukene

right / wrong

nivyo / sivyo

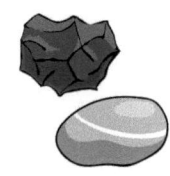

rough / smooth

kigoramye / kigororotse

sad / happy

ashavuye / anezerewe

short / long

kigufi / kirekire

slow / fast

kigenda bukebuke / kinyaruka

wet / dry

gitose / cumye

warm / cool

gishushe buhoro / gikanye buhoro

war / peace

intambara / amahoro

opposites - ikinyurane

0

zero

ubusa

1

one

rimwe

2

two

kabiri

3

three

gatatu

4

four

kane

5

five

gatanu

6

six

gatandatu

7

seven

indwi

8

eight

umunani

9

nine

icenda

10

ten

cumi

11

eleven

cumi na rimwe

12
twelve

cumi na kabiri

13
thirteen

cumi na gatatu

14
fourteen

cumi na kane

15
fifteen

cumi na gatanu

16
sixteen

cumi na gatandatu

17
seventeen

cumi n' indwi

18
eighteen

cumi n' umunani

19
nineteen

cumi n' icenda

20
twenty

mirongo ibiri

100
hundred

ijana

1.000
thousand

igihumbi

1.000.000
million

umuriyoni

English

Icongereza

American English

Icongereza co muri Amerika

Chinese Mandarin

Mandare kivugwa mu bushinwa

Hindi

Igihinde

Spanish

Ikispaniya

French

Igifaransa

Arabic

Icarabu

Russian

Ikirusiya

Portuguese

Igiporitigare

Bengali

Ikibengare

German

Ikidage

Japanese

Ikiyapani

I

jewe

you

wewe

he / she / it

we / we / co

we

twebwe

you

mwebwe

they

bo

who?

inde?

what?

iki?

how?

gute?

where?

hehe?

when?

ryari?

name

izina

behind

inyuma ya

in

indani ya

in front of

imbere ya

over

hejuru ya

on

ku

under

munsi ya

beside

mu mbavu ya

between

hagati ya

place

ikibanza